Blier

Australia 2013

Portada: Foto tomada por el autor de una paloma volando libre en la Habana.

A Mami

Para aquellos que me enseñaron a amar, soñar y
me ayudaron a escapar, mis eternas gracias

Secuestro y Asesinato de un Sueño

La mayoría de las poesías que recopila este pequeño libro han nacido de la realidad que me tocó vivir como hijo de la revolución cubana. La percepción de esa realidad es tan diferente entre las personas que la han vivido y aquellos que la conocen sólo por referencia, que creí inevitable hacer un análisis de ella, de cómo veo la revolución cubana como proceso histórico, y en particular mi vida dentro de ella. Debo aclarar que es una interpretación muy personal como partícipe por lo que acepto, con respeto, vuestra discrepancia.

La Revolución

Nací cuando la revolución cubana, descabezada por fidel Castro, acababa de triunfar. Un movimiento revolucionario apoyado por la gran mayoría de los cubanos, confiados en que por fin había llegado la justicia y el decoro por lo que tantos cubanos habían muerto después de largos años de lucha. Nacida bajo la sombra de una revolución, mi generación se convirtió, inevitablemente, en parte de ella. Pocos se percataron de que, a pocas horas de haber nacido, la revolución había sido secuestrada y asesinada por la misma persona que la había engendrado, muerto el contenido, sólo quedaba su forma, con el atractivo nombre de Revolución, que había cautivado a tantos. El líder llegado al poder bajo la promesa de re-instituir las libertades democráticas, impuso en cambio, un sistema de gobierno centralizado dictatorial, a pesar de haber asegurado en muchas ocasiones, que no tenía intenciones hacerlo, como lo demuestran estos videos.[1] [2]

La filosofía en la que se centra el socialismo es el

---

[1] *https://www.youtube.com/watch?v=qvImjpexpEE*

[2] *https://www.youtube.com/watch?v=kjpnfDwWd7Y*

materialismo dialéctico, la cual postula el cambio y transformación perpetua de todo, exceptuando, irónicamente, la filosofía en la que ella se basa, a la cual se le está prohibido revisar o cambiar, acto legislado por años como delito de revisionismo ideológico. Precisamente esta contradicción inherente del sistema, lo condenaría a su inmovilización, lo plegaría de mentiras, y lo llevaría años más tarde a la desintegración en la mayoría de los países en que se impuso, incluyendo su quimera, la Unión de Repúblicas Socialistas Soviéticas (URSS).

Control

El periodo inicial por el que pasan las revoluciones socialistas es llamado Dictadura del Proletariado. Mientras que algunas dictaduras utilizan el analfabetismo y la ignorancia como forma de controlar a las masas, en Cuba ha sido diferente, la educación no sólo ha sido generalizada, y "gratuita" sino además obligatoria. La gratuidad, sin embargo, tiene un precio alto, que no es monetario o material, el objetivo fundamental de la educación, más que de alfabetizar, es adoctrinar. Todos los medios de enseñanza y de comunicación son estrictamente controlados y regulados por el gobierno para lograr la formación del llamado "hombre nuevo", que, para sus propósitos, debe tener obediencia ciega al gobierno y a sus orientaciones y sentir odio contra los que opinan diferente al gobierno. Todos los libros de historia fueron reescritos cambiando los eventos auténticos de acuerdo con la interpretación del gobierno. Por ejemplo, nadie de mi generación reconocería en una fotografía a personas con responsabilidades o notoriedad pública antes de la Revolución, independien-temente de su reputación o excelencia, a no ser que esa persona hubiese estado vinculada a la lucha revolucionaria. Por esa razón, la mayoría de los cubanos dentro de Cuba, y muchos fuera de ella, ciegos simpatizantes de la dictadura del proletariado, la historia de Cuba que conocen es la historia revolucionaria. Las palabras: Revolución, Fidel, Nación y Libertad, fueron estratégicamente fusionadas de tal forma que cuestionar al gobierno era, por extensión, cuestionar tu identidad y la libertad de tu país. Con tal poder, el gobierno se atribuye el derecho de hablar por ti, de decirle a los demás lo que tú piensas (sin previa consulta), de decirte lo que tienes que pensar, lo que "debes" leer, oír, ver, decir y hacer.

La simple expresión de interés en conocer una forma de pensar fuera de la "oficial" es interpretada como traición, convirtiéndote automáticamente en persona "*non grata*" con problemas ideológicos, en la que el estado, gobierno o "el pueblo" no pueden confiar. A través de un intrincado mecanismo de vigilancia y control, el gobierno trata de identificar a aquellos individuos que osan cuestionar cualquier aspecto del gobierno o sus gobernantes, y una vez detectados se pone en marcha un mecanismo sofisticado y cronometrado, encaminado a su aislamiento, despersonalización y finalmente al silenciamiento. Por ejemplo, cuando el gobierno se ve forzado a referirse a estas personas, o grupos de personas, nunca lo hace utilizando su nombre o el nombre de la organización, si no de forma impersonal, como "sujetos", "individuos", "grupúsculos" o cualquier otro calificativo que estrese la noción de que son una minúscula minoría. Estos apodos siempre van seguidos de adjetivos humillantes, que tienen como objetivo crear alrededor de ellos la percepción de inmoralidad y de esa forma inducir su repudio por la población adoctrinada. Los adjetivos usados, como ocurre con la moda, han ido cambiando con el tiempo, así se ha usado: gusanos, escorias, lacayos, traidores, mercenarios, apátridas, etc. Como se puede apreciar, los adjetivos llevan implícito, además, el mensaje de que si cuestionas al sistema desprecias a tu país, tu cultura y tu pueblo.

Aquellas personas que son "bautizadas" por la Revolución con uno de estos adjetivos dejará de ser elegible para disfrutar algunos de los llamados logros de la revolución, como el de la educación, ya que como reza el estatuto universitario, "la universidad es para los revolucionarios", o expresar su opinión abiertamente en las calles porque "La calle es de fidel" y "Dentro de la Revolución todo, fuera de la Revolución, en contra de la Revocación nada"[3].

Receta para el Fracaso

Desde el triunfo de la revolución, fidel tuvo la idea de cada primero de enero, dirigirse al pueblo de Cuba y darle un nombre al año que comenzaba. No el nombre que le da las Naciones Unidas, sino uno de su creación. El tema central del discurso interminable, pronunciado ese día, sería el nombre del año. El discurso era adornado con infinitos números, datos y pronósticos estadísticos incapaces de ser verificados o seguidos, pero que embriagaban con grandiosas expectativas a miles de personas dispuestas a darlo todo porque las predicciones proféticas se hicieran realidad.

Los nombres eran genéricos e impresionantes, por ejemplo:

1961: "Año de la Educación"

1962: "Año de la Planificación"

---

[3] *El 30 de junio de 1961 fidel se reúne con los intelectuales y artistas cubanos y les advierte que "Dentro de la Revolución, todo; contra la Revolución, nada" y con ello se marcaría el fin de la libertad de expresión en Cuba. Curiosamente, en el discurso del 28 de octubre de 1925 Benito Mussuline también advertía que la idea central de su movimiento sería "tutto nello Stato, niente al di fuori dello Stato, nulla contro lo Stato" cuya traducción es "todo dentro del estado, nada fuera del estado, nada en contra del estado".*

1963: "Año de la Organización"

1964: "Año de la Economía"

1965: "Año de la Agricultura"

1969: "Año del Esfuerzo Decisivo"

Estos nombres se transformaban automáticamente en parte integral de la fecha oficial, por lo que aparece en toda comunicación oficial, desde los sellos de correo hasta las notas de clase a todos los niveles de educación. Los nombres de cada año generalmente hacían referencia a determinados aspectos de la sociedad o la economía en los que se centraría el país durante esos 12 meses, y para ello se pondrían en función todos los recursos del país, apoyado, por supuesto, por toda la maquinaria de propaganda, que adoptaba ese nombre como punta de lanza. Por muchos años, la mayoría de la sociedad se entregaba honestamente a cumplir "los objetivos", por lunáticos que parecieran, todos ciegos y embriagados por la euforia que causaba la ilusión de ser, al fin del año, más industrializados que Japón, o de producir más leche que Holanda, o más café que Colombia. Con excepción de la Educación y, por unos años, la Salud pública, la falta de planificación y coherencia en la utilización de los recursos para cumplir los ambiciosos planes llevaría, año tras año, al fracaso. Ya el año nuevo, coronado con su nuevo nombre y nuevas fantasías a conquistar, dejaba el año anterior y su fracaso enterrado en el olvido, junto con los chivos expiatorios quienes generaban el fracaso de los objetivos, los cuales correrían con la misión de "mea culpa", para justificar el fracaso. Por supuesto, sin jamás impugnar el rol del omnipotente creador de los nombres e ilusiones y responsable de sus fracasos.

La irracionalidad y las ineficiencias comenzaron a desgastar los bienes de la sociedad y del país, que contrario a lo que la Revolución se ha encargado de divulgar, se encontraba entre los países más avanzados de las Américas en 1959.

Asfixia al Decorum

Con el desgaste económico, comenzó también la degeneración gradual de la sociedad, y del "hombre nuevo" que se trataba de formar, siendo la sistemática desaparición de los valores cívicos el mal que más negativamente influiría en la sociedad cubana. Mentir se convirtió en sinónimo de sobrevivencia, en algo que debías perfeccionar para poder subsistir, comenzaba desde temprana edad y sin apenas darse uno cuenta. No se trataba simplemente de mentir, era, por definición, un arte, por la creatividad que demandaba, la complejidad del proceso y dificultad de perfeccionarlo. La esencia del arte se basaba en lograr desarticular la palabra, el pensamiento y la acción. O sea, lo que digo no refleja lo que pienso y nada tiene que ver con lo que haré, normalizándose así, la doble moral que caracterizaría el comportamiento de mucho de los cubanos, tanto despreciada por nuestro héroe nacional José Martí. Sólo familiares y amigos de confianza, con los que la persona está estrechamente relacionada pueden predecir, aunque con un amplio margen de error, quien soy, como pienso y que hago. Para los demás, yo no soy yo, soy otro, alguien, nadie, pero a la vez, como todo el mundo es otro, o nadie, pues yo soy uno más.

La sistemática despersonalización del individuo no ocurre al azar; por el contrario, todo forma parte integral del mecanismo creado para controlar la voluntad social, teniendo como premisa, que en la sociedad donde la mayoría de sus miembros se les ha despojado del decoro, y como consecuencia, están dispuestos a doblegar sus opiniones a las opiniones que les imponen aquellos que dominan, su manipulación se facilita, sobre todo cuando se cuenta con una fuerte maquinaria de desinformación e intimidación, la cual cobra aun mas poder cuando el papel formador de la familia había sido reemplazado por instituciones educacionales especializadas en adoctrinar al sometimiento a la autoridad del líder máximo.

Para los nacidos en sociedades más libres les costará trabajo entender como es posible que un gobierno pueda controlar a toda la sociedad. El modelo aplicado en Cuba no es novedoso; en principio, es un modelo ensayado y perfeccionado a lo largo de la "civilización" humana y que forma la base de los gobiernos dictatoriales. No creo estar errado al decir que el modelo aplicado en la URSS y su versión tropical cubana se basa en dos pilares fundamentales: El primero es hacer que todos los individuos dependan económicamente del gobierno y el segundo, es el establecimiento de mecanismos para controlar la acción de la sociedad a través de su "organización" social. En principio, si controlas la libertad económica de los individuos, el control de su voluntad política es solo cuestión de tiempo. En Cuba el primer pilar devino sin esfuerzo alguno. El derroche de los recursos del país financiando inversiones inmensas en planes fantasiosos y el financiamiento de guerras regulares e irregulares en varias partes del mundo, mas el embargo comercial impuesto por los EEUU trajo como resultado la escasez de productos esenciales lo que "justificó" y facilitó su control central durante todos estos años. Con tal objetivo, existe un departamento gubernamental para la distribución racionada y controlada de todas las necesidades básicas de la población, incluyendo, ropa y comida, además de bienes para el hogar. Con este aparentemente noble gesto se garantizaba así el primero de los requerimientos.

Muchos no pueden entender las razones por las cuales el gobierno impide y vela con tanto celo el establecimiento de la actividad económica independiente, a pesar de la crisis inmensa que azota a Cuba. El establecimiento de pequeñas empresas implicaría la libertad económica de los individuos y potencialmente su enriquecimiento y libertad política, un riesgo que el gobierno de Cuba prefiere no tomar.

El pilar de la "organización" de la sociedad fue lográndose paulatinamente, facilitado por el establecimiento del primer pilar. Entiéndase organización no por el establecimiento de orden social, sino por la creación de organizaciones, que en retrospectiva podemos decir que fueron creados para controlar la evolución de los fracasos. Mientras que los lectores que han crecido fuera de Cuba podrían contar con los dedos de las manos las organizaciones a las cuales ellos, voluntariamente pertenecen, los cubanos, por el contrario, son cohesionados a ser miembros de un sin número de organizaciones, llamadas organizaciones políticas y de masas bajo dirección directa del gobierno, que por extensión es el Partido Comunista de Cuba, y que tienen como objetivo fundamental la de monitorear y controlar a todos los individuos de la sociedad. Por ejemplo, en las escuelas los estudiantes tienen que pertenecer a la organización que agrupa a los niños según el nivel de educación, en la primaria a la Unión de pioneros de Cuba (UPC), en la enseñanza media a la FEEM, en la Universidad a la FEU, todas creadas para adoctrinar y garantizar la sumisión absoluta al gobierno. De igual forma las mujeres pertenecen a la Federación de mujeres cubanas (FMC), los trabajadores a la CTC, etc. y todos debemos pertenecer a los comités de defensa revolucionaria (CDR). Esta organización, "no gubernamental", trabaja directamente con la policía y la cual agrupa a todas las personas que viven en una cuadra. El presidente de la cuadra donde vives tiene que saber quien vive en cada casa, donde trabaja cada persona que reside, con quien se relaciona y sobre todo, si participa en las orientaciones de la revolución. A todas estas organizaciones políticas y de masas, se le suman además otro gran número de organizaciones policiales y militares, a las cuales pertenece un por ciento alto de la sociedad, que están encargadas de imponer las orientaciones del gobierno.

La Policía Nacional Revolucionaria (PNR), la muy temida Seguridad del Estado, Las Brigadas Especiales Boinas Rojas, Avispas Negras, más todas las organizaciones militares, regulares e irregulares, EJT, MGR, FAR, DAAFAR, BPD y MTT.

Durante años, la revolución ha usado el despliegue de miles de personas que supuestamente hacen eco y apoyan los pronunciamientos del gobierno para mostrarle al mundo el supuesto apoyo popular del cual goza. Estas orquestadas manifestaciones son una de las contadas cosas que funcionan en Cuba. La frecuencia y masividad de tal "despliegue de simpatía" por la Revolución ha sido una de las grandes incógnitas para aquellos que la ven desde el extranjero.

La anatomía de una de estas manifestaciones pudiera disertarse de la siguiente forma. Un día cualquiera, Cuba despierta con la noticia de que el pueblo está a favor, o en contra de algo o de alguien, que se dijo o no se dijo, que se hizo, o dejo de hacer, en algún lugar del país o del mundo, y la orientación política del PCC cree que hay que demostrarlo a través de un desfile revolucionario.

El día del desfile, es un día especial, donde generalmente hay además una fiesta popular y donde, en muchas ocasiones, se venden cosas que los individuos necesitan, a forma de incentivo por la asistencia, la cual es "voluntaria", no obstante, la asistencia de las personas es controlada y cuestionada. Por ejemplo, si eres estudiante debes desfilar junto a tu escuela, los que trabajan deben asistir al desfile junto a su colectivo de trabajo o junto a las personas de su cuadra. De esa forma el gobierno y sobre todo donde estudias o trabajas, saben si asistes o no al desfile. Es así como miles pasarán frente a las cámaras y a fidel, agitando banderitas que te han entregado, mientras hablan con sus colegas de la novela que está de moda o donde se puede conseguir en el mercado negro cosas que necesitas, completamente enajenado del mundo absurdo del que casi inadvertidamente formas parte, sin saber a veces el motivo de la marcha, mientras las cámaras y las agencias de noticias recogen la ola de banderas y los retos de los altavoces. El principal objetivo de estas marchas es de demostrar al mundo el apoyo del pueblo a la revolución. Pero, además, con ello se satisface una de las adiciones que caracterizan a los dictadores, que deviene del placer de doblegar a miles de personas a hacer su voluntad, como lo es marchar frente a ellos, saludándoles vehementemente, queriéndolo o no.

La asistencia a estos, bien llamados, "actos" masivos, por su teatralidad, no es obligatoria y no asistir no es un delito; no obstante, no hacerlo es poner en duda tu compromiso y lealtad al sistema y con ello tus valores socio-político y moral. Esta ultima asociación es otra de las asociaciones o fusiones con las cuales se manipula la voluntad de los individuos, pues tu actitud socio-político y moral es regularmente evaluada en su clase o centro de trabajo y la cual es a su vez estrechamente vigilada por un oficial de la seguridad del estado que es asignado para cada centro de estudio y trabajo. Si la posición política es diferente a la del gobierno serás por extensión un "elemento" antisocial no confiable y de valores morales dubios. De tal forma que tu vida transcurre bajo un constante monitoreo de tu lealtad a la revolución, partido, fidel, y con el temor de sufrir serias consecuencias de ser detectado como un contestatario.

Para muchos, tener una buena evaluación en el centro de trabajo, no sólo representaba el reconocimiento, la palmada en la espalda con "has cumplido con tu deber" avalado por un diploma o medalla, sino también podría potencialmente asegurarte la reservación para ir a comer a un restaurante, o quizás el permiso para ir a un hotel, o el permiso para poder comprarte un refrigerador, una bicicleta o un TV. Es fácil deducir que, para la mayoría, adiestrados ya a mentir, la opción más sensata es ir a la marcha y gritar lo primero que se te ocurra, mientras más alto mejor, junto con otros cientos gritando lo que les parece.

Con este ambiente de coerción, necesidad y dependencia en la cual transcurre las vidas del que viven dentro del sistema, se va desarrollando, lento, pero progresivamente, un síndrome de Estocolmo colectivo, de tal forma que la mas mínima de las bonanzas ofrecidas por el gobierno, incluyendo aquellos deberes que todo gobierno debe cumplir como la salud y la educación, se reciben con tal gratitud al sistema que psicológicamente, solo se puede pagar con mas obediencia al gobierno, al partido o a su máximo líder, y total desprecio aquellos que lo cuestionan o lo han cuestiono.

El Sistema de Izquierdo

El sistema de derecho en Cuba, como en los otros países socialistas, está regido por un sistema de leyes cuyo principio es defender la legalidad socialista[4] y no el derecho individual. La mejor forma de ilustrar el carácter de esta legalidad es la llamada Ley de Peligrosidad Pre-delictiva, por la cual cualquier individuo puede ser condenado de dos a cinco años de privación de libertad, si las organizaciones policiales estiman que dicho individuo potencialmente puede cometer un delito. Es cierto que la ley no es aplicada regularmente,

---

[4] *Según su propia definición, la legalidad socialista es establecida por la clase dominante obrera y su acción contribuye de manera primordial contra cuantos se interponen en el camino de la Revolución, estableciendo severas sanciones, todo lo rigurosas que las circunstancias lo determinen, a los enemigos del pueblo, a los traidores de la patria, a los agentes del cerco capitalista, a los malversadores de la riqueza colectiva y a quienes atenten contra los derechos.*

pero también es cierto que, bajo la sombra de esta ley, se desenvuelve tu vida, sabiendo que podrás ser condenado sin haber cometido delito alguno. Al gobierno de Cuba, el control de la población se le ha hecho más fácil por el hecho de que es una isla y el individuo común no tiene ningún otro punto de referencia del resto del mundo. Es por esto, que asegurar el aislamiento del individuo del resto del mundo es una de las tareas que con más recelo ejecuta el gobierno. A través de leyes y decretos se asegura que el contacto de la población con cualquier forma diferente de pensar, de gobernar o de estructura social, sea lo mínimo posible, y fue la razón principal por la que viajar al exterior estuvo estrictamente regulado, para no decir prohibido hasta este año, 2013, o sea, por 44 años. Con el colapso de URSS y con ello el colapso de la economía cubana a los finales de los 80, el gobierno se vio obligado a desarrollar la industria turística como fuente de ingresos, aunque ello implicaba un potencial riesgo de que turistas extranjeros rompieran la muralla informativa del mundo exterior controlada por el gobierno. Para minimizar este riesgo, se tomaron medidas para limitar el contacto de la población con los turistas extranjeros lo que llevó a una política de segregación en la que los cubanos eran tratados como ciudadanos de segunda clase, sin derecho a entrar a aquellos hoteles, lugares de recreación y playas, reservadas sólo para turistas. Tal humillación, no ha tenido paralelo en la historia de Cuba, y en el mundo solamente es comparable con el apartheid en África del Sur.

Los turistas, mientras tanto, disfrutando de las mejores playas y hoteles regresaban llevando consigo una imagen totalmente enajenada de la isla, su gente y su gobierno.

En parte es esta la razón por la cual pensé necesario escribir este prólogo. La gran mayoría de nuestra generación solo sabíamos del mundo exterior, distante y enorme, a través de la televisión, que es totalmente controlada por el gobierno.

De todas las instituciones gubernamentales, la televisión es la que tiene su objetivo mejor definido, que es la de garantizar la percepción subjetiva de que no hay país, ni sistema, mejor que el cubano. El mecanismo del aparato desinformativo es muy sencillo en su concepción. Las informaciones nacionales serán solo de "logros" no importa lo banal o veraz que sean, siempre magnificadas y decoradas con falso optimismo, y las informaciones internacionales se enfatizan en catástrofes o violencias sociales donde quiera que ocurran, exceptuando por supuesto a los países amigos o con el mismo sistema de gobierno.

La mayoría de nosotros, absorbidos en ese mundo absurdo, crecimos, sin pensar o cuestionar, sin percatarnos de estar preso, de que realmente no eres nadie ni nada, de que un gobierno, una persona, se ha apropiado de tu vida.

Amanecer

El fin de la enajenación ocurrió en 1992 cuando me dieron permiso para obtener un pasaporte, comprarme ropa y maletas para participar en un congreso científico en Italia. El número de mi pasaporte, 83457, es testimonio del privilegio, si se tiene en cuenta que la población de la isla en ese momento era de más de 10 millones de habitantes.

La visita a Italia destruyó el mundo que me habían hecho creer, y realizar que uno había estado dispuesto a matar y morir por una mentira fue una de las experiencias mas desagradables y deprimente que he experimentado. Al regreso me entregué a la idea de escapar, la cual pude concretar después de tres largos años, en 1995, a cursar una beca que me había ganado del gobierno australiano para ir a estudiar en ese país.

Similar a los cultos religiosos, donde la deserción es castigada fuertemente, para la Revolución, emigración, siempre fue sinónimo de traición y penalizado con la forma de castigo preferida por los regímenes dictatoriales, el destierro, en el cual llevo 18 años y sin saber cuando será suspendido.[5]

El destierro es tan viejo como cruel. Es una mutilación a la vida del desterrado y los que forman parte de su vida. Es una forma de castigo indiscriminado y colectiva, la cual no solo afecta al condenado sino también a todos aquellos con los que tiene relación emocional, por lo que es no sólo una violación de uno de los derechos humanos, además, que, como forma de castigo indiscriminado y colectivo debería también ser declarado ilegal.

Desgraciadamente, el fin de la revolución cubana es triste, como lo son las historias donde todos pierden, y los que más han perdido son los que más pudieron haber ganado, desperdiciando la oportunidad de quedar en la historia como hombres grandes y buenos, en vez de heraldos del mal, la mentira y la traición. Siento pena y dolor, no rencor, por ellos, por las víctimas, y por los que aún le siguen entregando sus vidas y sus sueños, que les son robados sin ellos saberlo.

A esta pesadilla van dedicadas mis poesías.

---

[5] *Para los emigrantes cubano poder regresar a su país deben tener un pasaporte cubano "habilitado", con permiso de entrada, que finalmente me fue otorgado poco después de concluir este libro.*

Poesías
Revolucionarias

La Ruleta Roja

Nos pediste la mano,
te dimos el cuerpo.
Nos pediste los sueños,
te dimos el alma.

Cuando al fin de la vida,
desnudos y presos nos vimos,
fue que descubrimos,
tarde y aterrados,
que nos habías mentido.

Que en el casino de la historia
Apostando al cero en la ruleta roja
Te jugabas todo lo que se te daba
y donde todos, todo perdimos

Y con los ojos vendados
Descalzos y manos atadas,
a empujones y bastonazos
hoy seguimos.

Megalomanía

El arrozal más grande
  que nunca nació,
el más grande cafetal
  al nivel del mar.
La zafra más grande
  que nunca sucedió,
la autopista más grande
  con el bache más grande.
Vacas F1, F2, F3, en fin...
  todas las efes,
  la más pequeña de fidel,
  la más grande de FRACASO.
El discurso más largo
  de falacia verborrea,
el más grande de los odios,
la más grande de las mentiras
la más grande de las penas
la más grande de las miserias,
  de espíritu, de amor y de vida.
Y si no fuera por los presos,
Los muertos, las guerras y el exilio
El más grande de los olvidos.

Colibrí

Es verdad, que bien o mal
me diste de comer,
es verdad, que bien o mal
me distes educación,
pero eso, a mi entender,
simplemente es tu deber.

Puede ser, que tú también
me enseñaste a caminar,
puede ser, además,
me ayudaste a pensar,
pero eso no te da
potestad ni derecho
a mi libertad,
pues por derecho nací

    LIBRE
        como el colibrí,
    LIBRE
        como lo soñó Martí.

Luz Azul

Sabía que el inmenso mar
sereno y limpio era azul,
que el infinito cielo
desde mi ventana, era azul.

Sabía, además, que la tierra
desde el espacio era azul
pero solo hoy, ahora,
supe que la humillación
con su dolor inmenso, infinito,
viene vestida de azul.[6]

---

[6] *Posiblemente la política mas vergonzosa impuesta por la Revolución ha sido el sistema de segregación étnica, parecida al apartheid, donde a los cubanos se les prohibía la entrada a hoteles y playas "solo para extranjeros". El poema refleja el sentimiento al ser expulsado por ser cubano, de la playa Rancho Luna, por un policía de uniforme azul.*

Tengo

Homenaje a Nicolás Guillén.[7]

Tengo, vamos a ver...
con los ojos vendados
Comandante puedo escribir
Hotel para extranjeros,
bien lo puedo leer.

Tengo vamos a ver...
UJC, PCC, CTC, MTT,
CDR, PNR, Seguridad del Estado,
FAR, brigadas de respuesta rápidas,
Avispas negras, rojas y blancas,
en fin...
Todo, para libre poder pensar.

Tengo vamos a ver...
promesas sin cumplir,
sueños amarrados, asesinados,
encarcelados o exiliados.

Tengo vamos a ver...
colas, derrumbes, albergues
miseria, destierro, repudios,
en fin...
Nada de lo debía tener.

---

[7] *Nicolás Cristóbal Guillén nació en Camagüey en 1902, el mismo año que Cuba nace como República. Considerado como uno de los mejores poetas de Latino América y cuya obra esta comprometida con los problemas sociales de su época. Autor del poema "Tengo", símbolo de la revolución, en su infancia.*

Blier

Por los tres años que pasé intentando escapar.

Ibrel
Ilerb
Irelb
Iberl
Ilreb
Ilbre *(casi)*
Brile
Blire
Bilre
Bleri
Breli
Breil
Briel
Rible
Rebli
Rilbe
Relbi
Rielb
Reilb
Rileb

Rileb
Relib
Rebil
Ribel
Ebril
Elirb
Erilb
Ebirl
Elrib
Elbri
Lebri
Lirbe *(cerca)*
Lerbi
Leirb
Lierb
Lebir
Liber

L I B R E

¡Por Fin!

Simplemente

A mi madre que murió esperándome.

Por simplemente
no querer ser tu eco
me has condenado a no ver
la calle
donde de niño jugué.

Por no querer ser uno más
me has condenado a no ver
el parque
donde de amor llore.

Por escapar
del culto al odio
me has condenado a no ver
a mi madre
que me enseño amar.

Trece Siglos

Trece años de exilio,
trece siglos han pasado
que al odio le dije adiós,
anhelando verlo evaporado
por el amor y el tiempo.

Con aroma y sin espinas
crecen trece rosas blancas
bañadas por la luz de la luna
con brillo y con manchas,
manchas de dolor,
Brillo de esperanza.

Regadas por el llanto
que germina la añoranza
se enraízan en la mano
que al odio dijo adiós.

Hija de la ironía es su belleza
creciendo de tal tormento.

Añoranza

Seguro este año
podré regresar
y a mi tierra bella
podré de nuevo besar.

Me paso las noches
pensando en lo que haría
cuando al fin yo vea
la gente mía.

Creo que como un loco
de puerta en puerta iría,
gritando los quiero,
Los quiero, con el alma mía.

A mi pequeño travieso,
creciendo sin saberlo,
le daré un abrazo
largo como el tiempo.

Y a mi buena madre
que de pena ha tejido un manto
le daré mil besos
para ahogar el llanto.

Y a los que han muerto
sin poderlos ver
les pediré disculpas
Por las penas que les causé

Sí, seguro que este año
podré regresar
y en mi linda Cuba por fin
junto a los míos podré llorar.

Vida De Muchos

Mi vida en una cáscara de nuez.

Nací cuando la gente reía,
no mentían, no robaban,
cuando el odio no existía
y no de irse,
sino de sueños se hablaba.

Cuando la gente no lloraba
y el regalo que más se apreciaba
era el ramo de flores
que crecen en la guardarraya.

Sin miedo ninguno a perderme
con Yety, mi perro, corría por el
monte
creyendo que yo era libre,
libre como el sinsonte.

La casa era pequeña, simple,
donde la alegría apenas cabía
y en la puerta "mi casa es tu casa"
un letrero grande, grande decía.

Apéate del caballo hombre!
a mis padres, al extraño, los oía decir,
¡entra, arrímate a la mesa!
que sin comer no te puedes ir.

Una tarde a la casa llego
con mirada de tigre cautivo
un hombre, antes bueno y vecino
y un sobre en la mesa dejo.

El letrero de la puerta arrancó
y en su lugar otro clavó,
"Fidel, mi casa es tuya" decía
y sin comer, se marchó.

Tempestad vi sobre mi padre
y mi madre a su brazo corrió
y a alguien le oí decir
de esta casa nos tenemos que ir.

Me llevaron a una escuela
lejos de aquellos padres,
aprendí a escribir comandante
y a recitar discursos interminables.

De sellos y medallas mi pecho llenaba
matar, que morir es vivir con odio
gritaba
Y si mi madre al verme lloraba
pobre mujer floja, pensaba, y callaba.

Así pasaron los años
forjando con todos, la obra maestra,
El sueno dorado, la sonrisa perfecta,
Faro en la tierra, borrador de tinieblas.

Hasta que un día por fin desperté
Y con gran tristeza descubría
que por lo que mataba y moría
No era más que una cruel mentira.

Entre mis brazos a mi hijo tome
Lo siento mi niño, le repetía,
Te tuvimos presos,
pero te juro que yo no lo sabía.

Todo esto lo puedo escribir
porque al fin me pude escapar lejos,
donde no esta mi monte
pero donde soy libre como el sinsonte.

Así termino esta historia torcida
de donde los sueños son pesadillas,
a la noche le llaman mediodía
Y al dolor y la pena alegría.

Cazador De Rencores

Líbreme del odio y el rencor.[8]

Lleva coraza de seda
cubierta de amor y celo,
corazón que absorbe pena
Y mirada de hechicero.

Juran que es bueno
los que lo han albergado
que murmura truenos
al rencor desesperado.

Que el odio se fuga
cuando lo ve llegar
y el amor se apresura
a ocupar su lugar.

Terror de la venganza,
sembrador de esperanza,
así es como conocen
al "Cazador de Rencores".

---

[8] *Temo a la venganza que pueda acompañar al cambio, que el rencor ahogue la razón, y el amanecer se manche de sangre. Ojalá que siempre nos acompañe el cazador de rencores.*

Olas

Venían unas tras otras
trayendo el olor a salitre,
mojando cuerpos cubanos
de color canela y chocolate.

Moros y cristianos y tamales,
hamacas, cervezas y piropos,
Gomas, juegos y alegría
Y el ruido de las olas.

Llegaban a la orilla riendo,
ofreciendo al criollo su cargo
de ternura y burbujas blancas
llenas de alegría y esperanza.

Hoy se van, unas tras otras
llevando olor a bronceador,
secando cuerpos color vainilla
quemados por el sol.

Se van en silencio, llorando
cargadas de vergüenza y dolor,
llenas de burbujas verdes,
llenas de pena y humillación.

Si Me Preguntan

Si me preguntas lo que mas quiero
sin pensarlo bien sé lo que diría,
    -quiero lo mismo que tú-
una Cuba libre, mi hermano,
libre y para todos los cubanos.

Donde haya el mismo espacio
para los de adentro y de afuera,
de arriba, abajo y del lado,
verdes, azules, rojos o morados.

Donde las calles no sean de nadie
Y playas y hoteles de todos,
donde puedas abrazar una guitarra
hasta la media madrugada,
o conocer el mundo si te da la gana.

Una Cuba libre,
    sin rusos ni americanos,
una Cuba libre,
    libre de los dos hermanos

Villa Clara

A todas las provincias quiero,
a la derecha con historia de acero,
a la izquierda con sus mogotes bellos.

Pero tu mi bella Villa Clara (VCL)
para mi eres el centro, la esperanza,
el regio canto del cielo y del viento.

Como naufrago aferrado al leño
te llevo conmigo siempre
en mis sueños y mis espantos.

Cada vez que veo VCL
se me quiere salir el alma del cuerpo
gritando lo que llevo dentro.

Arquear mis brazos en V
   ¡y gritar **V**iva!
abrazar mi cuerpo en C
   ¡y gritar **C**uba!
alzar mis manos al cielo con la L
   y gritar a todo pecho **L**ibre!
            ¡Viva Cuba Libre!
                  Para siempre.

Amando
en Tiempo
de Exilio

Palabra

Mirando a Ernesto desde la distancia.

Me sorprendió la sensación
que recorrió mi espalda,
el galope que golpeó mi pecho,
el rocío que nublo mis ojos.

Cuando oí esa palabra
que puede hacer llover,
llenar de flores el desierto,
detener la guerra, el hambre, el viento.

El grito vino de lejos
de un pequeño yo
que en delirio
Y agitando todo su cuerpo
gritaba
¡Papá!
¡Allá viene papá!
Y no escuche nada más.

Caminando

Caminando por las montañas del Escambray.

Camino...
y mientras camino te siento
delante de mi,
   me detengo, y veo...
montañas verdes, cielo azul
y blancas nubes,
pero sé que estás ahí...

Quizás, en la montaña verde,
en el cielo azul
o en las blancas nubes
que en complicidad te ocultan
en su danza, para ocultarte de mi,

Pero, inútilmente amor
porque sé, y bien que sé
que tú estas ahí.

Deseos

Como desearía
tenerte entre mis brazos
cuando el sol en nuestra cara
nos despierte cada día.

Como desearía
poder llegar, abrir, entrar
y andar en tu corazón
cual capullo mío.

Como desearía
encontrar refugio en tus labios
cuando huyo del abrazo
que me da la noche fría.

Como desearía
que mi vida fuera la tuya
y la tuya, amor
fuera la mía.

Por Un Beso

Se acercó
   la Luna a la Tierra,
se estremeció
   el centro del Universo,

Se agrieto
   el firmamento,

Se paro
   el corazón,
      el tiempo.

Estoy en un sueño

Con un beso
   por un beso,
      por tu beso

No me despiertes
      por favor.

Esperanza

A veces quisiera
volar alto,
mas alto que las estrellas
y pararme a mirar.

Correr como un rayo
con el alma en la mano
pero hacia la línea de partida
y sentarme a descansar.

Sembrar,
campos con risas de colores vivos
gritar,
truenos al cielo despejado
provocar,
una lluvia de todo lo amado
y acostarme a soñar.

H₂O

Viendo a una muchacha llorar en el laboratorio del INOR.

¡Oiga!, Oiga!
Y quien es usted que me perturba mi
tranquilidad cristalina
Con tus sales, proteínas y enzimas...

¡Oh perdona!... si eres una lágrima ...

Quizás

Buscándote, me he perdido yo
Y ahora me encuentro,

sin saber donde estoy,
sin saber bien quien soy.

Sin mirar a mi sombra he andado,
pensando encontrarte en cada umbral

Del camino que tanto he pisado
cada piedra aún me parece nueva.

Recostado en una de las puertas
hoy me encuentro

Sin saber donde estoy
Sin saber bien quien soy

Esperando que
Quizás perdida
  Quizás sin saber
    Quizás buscándome
      Quizás estés.

Amo

Amo al amor
salido del amor, de la nada,
del Fénix inmerso en fuego,
de la mariposa besando la flor.

Del sudor, del corazón apurado,
de las estrellas, del abrazo,
de la acaricia las manos enamoradas,
el que brota de los ojos de Afra.

De la sonrisa, del beso, del adiós
El del grito de ¡Te amo!
que se dice a toda voz
o con sutil mirada.

El de la risa, el canto o llanto
y el de las lágrimas derramadas
el de arrancar el odio de tu persona
o el nacido de un -lo siento, perdona.

Odio al odio

Quejas

El cielo esta azul
de que me puedo quejar
si lo puedo ver,
si lo puedo apreciar.

Quizás igual que ayer
pero hoy es diferente
porque mejor lo puedo ver
        y apreciar.

Y ya me voy,
Sonriendo,
cantando
porque no me puedo perder
el atardecer,

de que me puedo quejar.

Ser Bueno

Currículo del futuro.

Sueño en el día, que en la escuela
a como ser bueno
sea lo que se aprenda primero,

Que enseñen a como ser padres,
a ser listos y aventureros
pero, sobre todo, a como ser bueno.

No por temor al fuego del infierno
o por un paraíso en el cielo,
sino por lo hermoso que es ser
bueno.

Que enseñen a sentir en carne propia
la injusticia y el dolor ajeno
sin importar el sexo, color o credo.

Que 206 frágiles huesos
todos tenemos
  que somos iguales,
          que somos buenos.

Acerca del autor

Nació en seno de una familia campesina revolucionaria. Sus padres eran miembros de la ANAP y participaban activamente en las actividades de apoyo a la Revolución. Nadie en la familia practicaba ninguna religión y no pertenecerían a ninguna organización fraternalista.[9]

---

[9] *Parodia a la "autobiografía" que anualmente, todos los estudiantes teníamos que escribir describiendo su pensamiento y la de su familia. Por un lado, era necesario declarar el "compromiso" solo con la Revolución mientras negabas cualquiera asociación con culto religioso u otra organización. De no hacerlo, te convertirías en sujeto no confiable, y por consiguiente difícil de integrarte en la sociedad. Como era de esperar, las autobiografías solo se diferenciaban en el nombre del alumno.*

www.ingramcontent.com/pod-product-compliance
Lightning Source LLC
Chambersburg PA
CBHW031528040426
42445CB00009B/451